LA BELGIQUE.

Ils veulent être libres, et ne savent
pas être justes.

(*Paroles de l'abbé Sieyes.*)

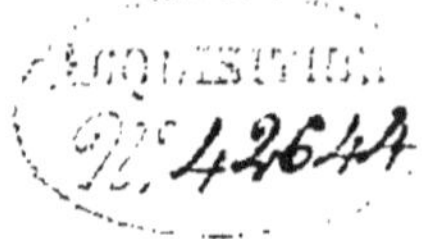

PARIS,

A. PIHAN DELAFOREST,

IMPRIMEUR DE LA COUR DE CASSATION,
rue des Noyers, n° 37.

1831.

Ceux qui croient se montrer fort libéraux en demandant la réunion pure et simple ne se doutent pas même, dans leur innocente générosité, qu'ils appellent une guerre sans but, qu'ils imposent leur volonté à des provinces entières, et qu'ils proposent d'agir envers toute la partie du peuple, que ses intérêts commerciaux éloignent de nous, d'une façon plus tyrannique et plus brutale que ne le firent jamais les puissances aux époques différentes de la dislocation de la Pologne et de la Saxe, de l'usurpation de Gênes, de Venise, de Salzbourg, de Trèves, de Mayence et de Cologne. . . . .

Quand il s'agit d'un accroissement de territoire, de nouvelles provinces à acquérir, ne serait-ce donc pas aux chambres qu'il faudrait demander des conseils ? Le temps n'est plus où ces acquisitions se faisaient comme affaires domestiques de la maison régnante : Louis XIV pouvait, pour l'intérêt de la famille de Bourbon, donner l'Espagne à son petit-fils. Aujourd'hui, pour reculer les bornes de la frontière, c'est le pays qu'il faut consulter, et ceux qui le représentent. Les ministres traitent aujourd'hui non plus au nom du roi de France, mais au nom du roi des Français.

(Le Temps. 23 janvier 1831.)

Tel est le contre-coup favorisé par le mouvement du siècle, que les maximes sociales ont dû remplacer les principes politiques.

Car avant tout, il faut être.

Il ne s'agit plus de sauver la personne des rois, mais bien de conserver l'être de la royauté.

Que les rois se sauvent de leur personne : Dieu le veuille ! la tâche est à eux, à eux seuls, d'autant que nul autre n'y peut rien.

Que la royauté soit conservée en son être : fasse le Ciel du moins ! Le devoir, le besoin, le moyen, tout appartient aux peuples sous ce rapport.

Si les dynasties passent ; que la monarchie demeure.

Encore cette image, cette enseigne de royauté intrônisée, est du prix le plus ineffable.

Positivement, ce n'est rien : à peine il lui reste à mettre sa marque sur le papier, à promener son ombre dans l'espace.

Négativement, c'est tout : ainsi, il n'est plus à prendre ce haut siège, dont l'attaque et la défense coûteraient tant de sang.

Puis, le temps marche : et le jour se lève ; et les rêves s'envolent.

Avant peu, l'être de la royauté, jusque là si

frêle , prendra un corps , grandira en force , couvrira la société de son égide.

Or , que se passe-t-il ? non pas dans le cabinet peut-être , mais autour de la table , auprès de l'oreille des conseillers.

Une société limitrophe a été ébranlée , renversée , bouleversée.

Des individus placés en contraste sous toutes les faces , mis en contact sur un seul point , se sont émus comme un seul être , et ont tout écrasé de leur masse.

Maintenant l'indépendance les restitue à l'inimitié , et la mémoire les rend hautains , l'expérience les rend défians.

Il leur faut un roi.

Autrement , l'effroyable tourbillon de toutes les factions déchaînées , de toutes les passions déréglées , menace de mettre à nu , le sol de la société.

Donnant enfin une leçon de grand poids à ces peuples spectateurs , qui n'ont pas seulement à considérer s'ils sont en droit de s'insurger , qui ont encore à envisager , s'ils seront en pouvoir de s'organiser de nouveau.

Et un prince indigène ne tiendrait pas ; un prince étranger n'accepterait pas.

C'est si vrai qu'un seul être convient en tout point ; que dès l'origine , la droite et juste pensée s'y était arrêtée.

Ce serait si heureux qu'un tel choix fût agréé

à titre de signe de paix et de gage de concorde, entre les pays voisins, entre les partis divers !

Non, la France de 1830 ne s'y opposera pas.

Cette France qui répond de tout le sang déja versé, encore versé ; et toujours en vain.

Cette France qui a tant à se féliciter que le calme plutôt que le trouble entoure ses frontières ;

Cette France que nulle crainte ne doit agiter, à l'avènement d'un prince isolé des souvenirs décevans et attaché aux réalités rassurantes ;

Cette France que nulle rage ne peut exciter à l'extension de son empire, sur des peuples si différens d'elle, si contrastans entre eux ;

Cette France, dont le refus lui attirerait le soupçon et le mépris, les haines et les défiances, la guerre d'extermination enfin.

La France de 1830 devait plutôt appeler, invoquer le duc de Leuchtenberg.

Faut-il donc que la charge soit imposée par l'irrésistible fatalité, de dire de telles choses ?

Généralement, un nouveau trône en France, semblait attendre sa consécration, de l'érection d'un nouveau trône en Belgique.

Là, on a vu une révolution d'invention, complotée de longue main, éclatée à la première occasion, qu'un instant fortuit a léguée à l'avenir équivoque.

Ici, on voit une révolution d'inspiration, née au sein des cœurs même et nourrie par la succession des actes, que l'avenir menace plus encore que le passé ne la légitime.

Là, un roi est installé, comme pour mettre un terme à l'œuvre, une barrière au mouvement.

Ici, l'œuvre ne s'accomplira, et le mouvement ne s'arrêtera, si cela se peut, que par un pareil stratagème.

Ainsi un exemple est suivi d'un exemple ; ainsi l'acte passe à titre d'usage : ainsi l'idée d'abord révoltée, se calme et se blase ; ainsi quelque sorte de droit vient à surgir du chaos.

La France n'a qu'un roi éphémère, si la Belgique n'a pas un roi analogue.

Personnellement, le prince apporte au plus haut degré, des garanties au dernier état, des contre garanties au premier.

N'étant point né de race royale, étant lié à tant de maisons régnantes, son installation n'excite ni les soupçons, ni les défiances, ni les inquiétudes, soit au-dedans, soit au-dehors.

Le sort, le ciel peut-être le fit apte à raffermir son pays d'adoption, à tranquilliser les pays limitrophes.

Sous le rapport militaire, comme la cause est commune, l'alliance est intime, est immuable.

Sous le rapport politique, l'effet est encore plus avantageux ; car l'influence morale s'élève fort au-dessus de l'influence matérielle.

Entre les Etats anciens et les nouveaux Etats, les craintes, plutôt encore que les haines, creusent la ligne de démarcation.

La France promet, l'Europe promet : d'un bord comme de l'autre, nul ne s'y confie, ne s'y repose.

Qu'on laisse donc se fonder un trône de même origine, solidaire par essence, intermédiaire au besoin.

La Belgique effarouche moins en fait de fougue, épouvante moins en fait de masse.

Sa parole prendra du poids, donnera du poids à la parole d'un pays souvent propagateur ou dévastateur ;

De ce pays trop puissant, trop bouillant, qui menace d'embraser l'Europe au premier caprice, et que l'Europe n'attaque jamais à l'avance, qu'afin de se défendre à temps.

Veut-on la paix ? qu'on veuille sa loi.

Il y a plus à dire, si la vanité se prête à écouter, se forme enfin à entendre.

Qu'est-ce que cette Belgique ? rien absolument parlant ; tout relativement parlant.

Ces quatre millions d'hommes, ces cent millions d'espèces ne pèsent pas dans la balance, soit à ajouter ou à soustraire aux masses d'hommes et d'espèces de la France.

Mais faites le calcul, en la mettant à part.

Voyez l'équilibre à peu près établi, entre la France d'une part, compacte de territoire et forte de valeur, de talent, et l'Allemagne, la Russie d'autre part, moins favorisées de nature physique et morale.

Il y a ou il y aura guerre : et c'est à tout hasard, à tout risque, entre ces puissances bastantes.

Déja l'Angleterre arrivait. La Belgique surviendrait aussi, tantôt menaçant, tantôt garantissant, toujours réglant le pacte, ramenant la paix.

Quelque faible que soit le poids, alors que les bassins se maintiennent, celui où il tombe l'emporte.

La Belgique n'ayant pour ennemie que l'impuissante Hollande, étant neutre par faiblesse et par humeur, naît le médiateur des vieux et des jeunes Etats, devient le conciliateur du continent.

Ainsi fut long-temps Venise : par la raison que la prudence est obligée dans les situations équivoques, et que la sagesse, en ménageant les forces, en évitant les chances, se fait toute-puissante.

Encore l'orgueil cède ; mais la peur ne se rend pas.

Il est un nom, un renom, qui s'éclipse parfois et ne s'éteint jamais, dont la mémoire trouble les imaginations, trompe les intelligences.

On ne voit pas qu'il est passé du compte de la politique, à la charge de l'histoire.

On ne voit pas, tant la terreur est absorbante,

que ce même sentiment règne, et plus unanimement encore, aux contrées ennemies.

On ne voit pas, tant la terreur est enivrante, que les voies où elle précipite mènent droit aux périls qui épouvantent tant.

Disons le grand mot : on craint la race napoléonienne.

Et certes, les vœux ne manquent pas, les ruses ne manqueraient pas : même, à croire les détenteurs apparens d'une haute gloire, les droits sont incommutables :

Et de plus, dans quelques têtes, ou du moins sur certaines langues, il y a des échos qui se répondent.

Il n'est possible, ni d'effacer des souvenirs, ni d'extirper des sentimens, ni d'étouffer des paroles.

Quoiqu'on fasse, l'homme reste sous le coup de l'avenir, n'ayant qu'à durer d'abord, qu'à subir ensuite.

Eh bien! au lieu d'embarras et de périls, ce sont des sauve-gardes, des boulevards qu'apporterait la Belgique.

Son roi constitutionnel et même conditionnel, ne peut être que l'organe des vœux, que le gérant des moyens du pays ; lequel n'encourt nullement le reproche de bonapartisme.

Son roi né de sang français, allié à d'anciennes dynasties, ne se rattache par aucun point, à la famille déchue d'un éclat d'emprunt.

Le plus noble père ne lui a point légué d'attachement pour ceux qui le haïssaient, ni de vénération pour ceux qu'il n'estimait pas.

Sauf un pâle rayon qui perce sous les brumes de l'horizon, la brillante comète qui embrasa le monde, en s'évanouissant à l'apogée de sa splendeur, n'a laissé après elle, qu'une longue traînée de fumée,

Si jamais la France devait rentrer sous le sceptre impérial, ce ne serait pas à l'aide, avec l'appui du nouveau roi.

Il aurait à s'armer plutôt pour sa défense, car sa défaite le ferait périr.

Certes, ni lui, ni personne ne peut douter que la France alors lancée dans un nouvel orbite de phases anomales, ne saisît aussitôt et ne réunît la Belgique.

De telles craintes, ou ressenties ou simulées, entraînent plutôt au-devant du danger.

Supposons-le : la Belgique, à qui on refuse la liberté, à qui on retire la royauté, est enlevée, est ravie par la France.

N'importe que ce soit avec l'assentiment ou contre la répugnance de ses peuples, l'Europe ne voit que le fait de l'agrandissement des forces.

La guerre la plus affreuse, la plus atroce s'ensuit.

Or la France est-elle victorieuse ?

Tout autre titre s'efface devant le titre de gloire.

Un droit qui ne fut jamais renié dans ce monde,

s'érige parmi le chaos de tant de droits mal entendus, mal reconnus.

L'armée se fait une puissance, matériellement
de nécessité patente, moralement par convention
tacite.

L'armée rencontre un chef dans ses rangs eni-
vrés, ou recherche un chef sous d'éclatans aus-
pices.

Croit-on que le nom sorti de l'urne glacée,
vienne en lutte avec l'homme élevé sur le pavois
brûlant?

La France est-elle vaincue?

Alors que de tristes souvenirs, que de leçons
sensibles !

Sera-t-il question de ce trône antique, qui par
deux fois se laissa ou plutôt se fit renverser; qui
cette fois tomba non sans des regrets presque uni-
versels et pourtant sans aucunes tentatives de secours.

Qu'est-ce donc que la loyauté, que l'équité, si
toutefois elles sont compromises ici, devant l'aspect de la fatalité, devant l'appel de la sécurité.

L'Europe songe à elle, ne songe qu'à elle.

Et d'une part, la France est réduite de dimen-
sions, est énervée en ressources, est contenue par
des barrières.

De l'autre, dans des vues de conciliation qu'inspire un ennemi dompté et non abattu, le prince
qui rappelle les rêves de gloire, qui promet de

s'enraciner dans le sol, est offert au choix libre en apparence.

Qui dirait non? soit au sein d'une armée enthousiaste, soit dans les masses d'un peuple harassé, épuisé, soit même parmi les rangs déroutés, déconcertés, de la fidélité.

Ici, les prétextes, les artifices, les stratagèmes; rien ne vaut. Machiavel lui-même y faillirait.

Le fait parlera ; les mots ne diront rien.

Que ce soit le désespoir, ou que ce soit la ruse et la crainte qui jette la Belgique aux pieds, sous les pieds de la France ; c'est tout de même.

Quand la Belgique est obligée peut-être à s'offrir ; certes la France est libre de la refuser.

Si elle consent, c'est qu'elle convoitait; et si elle convoitait, elle aura connivé.

Hors de France, telle sera l'opinion unanime.

Mais voudra-t-on, saura-t-on entendre ? plaira-t-il jamais d'écouter, qui aime et non qui flatte, qui sert et non qui trahit ?

C'est le vice originel, essentiel des Français.

Dans leurs cervaux, l'idée s'enfante spontanément, ne se forme point rationnellement.

Et l'idée les possède, les domine : élevant un mur d'airain, creusant un abîme de feu, au-devant de la réalité.

La tenacité des convictions se montre en raison même de la grossièreté des déceptions.

Q'on ne parle pas de justice, de convenance , pas même de possibilité : nul de ces argumens n'a d'influence dans la région fantastique.

De là, cette innocence de vanité, cette candeur d'ambition, cette naïveté de suffisance, qui n'apparaissent qu'en France.

De là aussi, cette succession de mécomptes, cette série de revers, de désastres qui toujours étonnent, qui n'éclairent jamais.

Or voilà ce qui se prépare, ce qu'on se prépare.

Encore aux premiers temps, l'élan instantané de la Belgique, eut semblé exprimer le libre vœu de sa réunion à la France.

Au contraire, on a vu s'y manifester les principes les plus opposés, l'esprit de nationalité, le sentiment de religion.

Comment ont-ils donc été étouffés ? comment la plus subite, la plus étrange métamorphose a-t-elle eu lieu ?

A tort ou à raison , les rois et les peuples, cette fois d'accord, n'hésiteront pas.

Les rois n'ont pu voir, sous le coup de feu de la révolution belge, que la France lançant l'étincelle, s oufflant l'incendie.

Et ne pourront voir alors, que la France personnifiée en ses chefs, atteignant à des fins long-temps dissimulées, par la voie des plus insidieuses menées.

Les peuples séduits aux premiers actes, se-

ront d'autant plus frappés de la catastrophe in-
attendue.

Et les peuples de Belgique, à l'exception de
quelques individus, les peuples de l'Europe sans
exception des libéraux même, n'auront qu'un cri
mi-partie d'horreur et d'effroi.

« La France a, dit-on, renversé un trône pour
« se faire libre ; et elle détruit un peuple pour le
« faire esclave. »

« La France s'est faite libre, dit-on; mais non
« pas sensée , mais non pas équitable.

« Au dedans, elle subit l'ignoble joug de l'oli-
« garchie ; n'ayant gagné ni dans l'indépendance
« des actes, ni dans l'autorité des vœux, ni dans
« le contentement des besoins.

« Au dehors, elle appesantit l'indigne sceptre
« de la tyrannie, sur des nations douées par un
« don du ciel, des mêmes droits, émues à son
« exemple, des mêmes sentimens.

« La France s'est laissée déchoir de ses légi-
« times espérances : et comme pour rabattre au
« niveau, les autres pays, elle va trahir ses enga-
« gemens sacrés. »

Ainsi parleront tous les peuples.

Et l'attachement, la confiance envers la France,
feront place aux haines, aux craintes, puis aux
vengeances.

Et la liberté diffamée à son aurore, sera re-
poussée, rebutée avec mépris.

Ce n'était pas assez que les écarts, les excès

presque inévitables, à la suite d'une crise qui a anéanti le droit ancien, menaçassent de ramener les peuples désappointés, au port du despotisme.

Il fallait encore que les espoirs fussent taris à leur source, que les vœux mêmes fussent refoulés au sein des cœurs ; et qu'il n'y eut plus qu'à invoquer dans les angoisses, la pitié du pouvoir.

Veuille le ciel que les rois usent seulement et n'abusent pas de l'aide inespérée de leurs ennemis jurés !

Ravissez la Belgique, et arrachez-lui la ceinture de liberté, et parez-vous de ses dépouilles.

C'est la robe de Nessus.

Vous ne savez donc pas, vous n'entendrez jamais, étant vous-mêmes si peu aptes à la liberté, si peu experts en patriotisme :

En ce pays, l'insurrection fut à la fois et loyale et fervente et légitime, autant qu'il se puisse ; comme aussi, elle fut preque unanime.

Or l'esprit sera comprimé et non pas écrasé par la force.

Tant de honte à se sentir sujet, tant de rage à se voir trahi, couveront partout, éclateront çà et là.

Et vous n'avez pas la hache de la convention, ni le sabre de l'empire ; et vous êtes jetés entre trois places fortes de premier ordre.

Pendant la guerre, il vous faut retirer du théâtre

des combats, une armée de cent mille hommes et plus.

En cas de revers, attendez-vous à l'insurrection des haines, et lors de la défaite, à l'invasion des vengeances.

La nationalité revivra sous le joug du perfide vainqueur, de même qu'elle a surgi sous la verge du despote étranger.

La religion se révoltera mille fois plus encore contre l'impiété superbe, que contre l'hérésie astucieuse.

Comment façonnerez-vous de vos mains, des préfets à donner à ces peuples de mœurs simples et pures?

Comment infligerez-vous votre faux système, ou supporterez-vous leur vrai système de municipalité?

Puis, Anvers et Gand ne tiennent qu'au commerce; et Bruxelles aspire au pouvoir.

Même Liège et Verviers ne se livrent que par l'espoir d'un grand marché, dont l'ouverture ruinerait les fabriques de Champagne, de Picardie, de Normandie.

Prétendez - vous obtenir des soldats : ils ne sont pas des plus braves, ne seront pas des plus fidèles.

Prétendez-vous tirer des subsides : le pays s'y prête difficilement et s'est révolté contre l'impôt de mouture.

Gouvernez - vous avec des Belges : mettez un

homme à vous, pour les veiller, les guider, les enhardir.

Gouvernez-vous avec des Français : rappelez-vous l'erreur du roi à cet égard, et de ses suites.

Enfin, comptez-vous enchaîner l'être de la Belgique, maintenant si puissant, si ardent de vie, sous les langes rétrécis dont se laisse envelopper l'être enfantin de France ?

Il y a moins de chance à soumettre le fort au régime du faible, qu'à révolter le faible à l'exemple du fort.

Encore la tâche est loin du terme.

L'essor de l'idée s'élance vers les frontières naturelles : sans discerner qu'il existe des frontières physiques, des frontières morales.

Celles-là que l'art militaire sait suppléer, celles-ci que l'art politique ne peut altérer.

Entre lesquelles, quand la discordance se rencontre, l'arrêt est toujours porté en faveur des dernières, par le temps, seul juge qui n'erre jamais.

Mais l'idée ne reconnaît point de tribunal : et par malheur, les localités lui sourient.

Sans doute vous ne voulez pas insurger les provinces du Rhin, comme aussi vous ne pouvez pas les contenir.

Et nulle part les brouillons ne manquent; et partout l'acte emporte la volonté; partout le mouvement constitue la force.

Les révolutions de rues ont débuté, ont ouvert la voie aux révolutions de campagnes.

Puisse-t-on se borner à celles des rues ? au moins les fortunes, les existences s'en tirent saines et sauves.

Les unes ou les autres auront lieu.

Il vous faudra aller mettre la paix encore ; aller de nouveau rétablir l'ordre et raffermir la liberté.

Quoi qu'il doive échoir, la France ne se démettra pas du beau rôle, joué avec tant de profit, depuis 40 ans.

Le Rhin est donc à vous.

C'est dommage seulement qu'il y ait des peuples en deçà, et que ce soit des Allemands à faire Français.

Hommes de travail et d'épargne, hommes de coutume et de routine, et qui pis est bien traités, peu taxés, presque heureux, assez contens.

Au fait, vous n'avez à changer que leur langue, leurs mœurs, leur religion.

En retour, vous avez à les doter, de nos bénignes impositions, de notre administration courtoise.

Un tel marché n'est-il pas sortable ?

POST SCRIPTUM.

La note du cabinet français, au gouvernement provisoire, vient d'être connue.

On ne peut donner trop d'éloges, quant au désir du maintien de la paix, et au refus de la couronne belge.

A l'égard du duc de Leuchtenberg, l'intention est loyale, sans doute et cependant ne semblera pas l'être : d'autant que l'expression un peu rude aura mal disposé les esprit.

Les inquiétudes qui tourmentent à Paris, n'étant point fondées, manqueront d'être comprises à Bruxelles.

Un pays catholique et libéral, un Etat neutre de nature et de caractère, un prince lié à tant de maisons royales, ne portent point de véritables risques.

Même un membre du congrès a déja déclaré que la Belgique serait fermée à la famille Bonaparte.

Les sociétés ainsi que les hommes ne sentent et ne jugent que d'après leurs intérêts.

La Belgique est tourmentée aussi, et à plus forte raison, du besoin d'asseoir enfin son existence et d'échapper aux périls de l'anarchie.

Or, quant aux princes étrangers, aucun peut-être n'offre de garanties et n'accepterait la charge.

Quant aux candidats indigènes, un grand nombre se mettrait sur les rangs, et nul ne se maintiendrait en place.

Il faut que la Belgique élise le duc de Leuchtenberg, ou s'expose à passer de crises en crises.

Et certes la France serait plutôt compromise dans le second cas que dans le premier.

Puissent donc la raison, la justice, la pitié même, ramener à des sentimens plus convenables.

Versailles, ce 26 janvier 1831.

A. PIHAN DELAFOREST,
IMPRIMEUR DE LA COUR DE CASSATION,
rue des Noyers, n° 57.

LA BELGIQUE.

SUITE.

Nous n'aurons la guerre, que parce que
nous l'aurons voulue.
(*Ministre des affaires etrangères,*
28 janvier.)

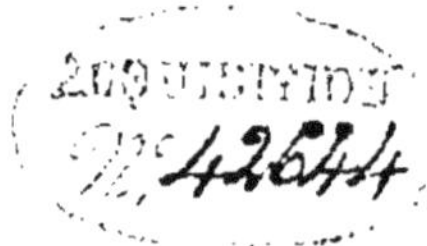

PARIS,

A. PIHAN DELAFOREST,

IMPRIMEUR DE LA COUR DE CASSATION,

rue des Noyers, n° 37.

1831.

Nous n'avons jamais entendu se plaindre du manque d'union entre les contrées flamandes et valones. Mais si un tel obstacle devait se présenter dans l'état d'indépendance, il se retrouverait de même dans l'union avec la France.....

Nous ne parlons ainsi que pour donner connaissance du progrès que le projet de l'union de la Belgique semble faire en France. Que ce soit l'intérêt matériel du gouvernement français de hasarder une guerre, afin d'obtenir cet accroissement de territoire; il ne nous appartient pas d'en juger. Mais il n'est pas un honnête homme qui hésitât un moment, à caractériser une pareille violation de foi; un acte d'ambition aussi contraire aux principes. Pourquoi la France négocie-t-elle maintenant avec les alliés pour régler la question de la Belgique? Pourquoi a-t-elle un plénipotentiaire dans le congrès diplomatique de Londres? Certes ce n'est pas dans le dessein de retarder l'arrangement définitif jusqu'à ce que le chapitre des accidens se montre favorable pour elle; ce n'est pas dans la vue de se mettre en position de séduire les députés belges. Une telle perfidie ne peut exister dans le gouvernement du roi citoyen, quelles que soient les ambitions effrénées qui se font entendre à la tribune; quels que soient les sophismes déhontés qui sont proclamés dans les journaux.   (*The Times*, 26 janvier.)

Deux séances ont éclairé sur les desseins du moment, si elles n'ont pas dévoilé les secrets de l'avenir.

Nul ne veut la guerre; nul ne tend à la guerre ; nul ne croit à la guerre.

De la part du cabinet, on paraît aussi empressé d'éviter les causes, qu'éloigné d'aspirer à la fin.

« Peuples et rois s'alarmeraient de la réunion de la Belgique : et si dans son effroi, un seul courait aux armes, c'en serait fait alors de la paix de l'Europe; le monde entier serait encore une fois menacé de retomber dans le chaos. (*Discours du ministre* , 27 *janvier*.)

« Le gouvernement du roi ne consentira point à la réunion de la Belgique à la France : il n'acceptera point la couronne, pour le duc de Nemours; alors même qu'elle lui serait offerte par le congrès. (*Lettre du ministre* , 21 *janvier*.)

« La France avait déclaré à l'Europe qu'elle n'entrerait pas en Belgique. Dans cette question de loyauté, se trouvait résolu ce qui est relatif au duc de Nemours : je suis sûr que vos consciences m'ont compris.(Vive adhésion.) (*Ministre de l'instruction publique* , 28 *janvier*.)

« Je ne dirai rien du refus de mettre M. le duc

de Nemours à la disposition des Belges : tout le monde est d'accord à ce sujet. (*Ancien ministre de l'intérieur.*)

« Croyez-vous que ce parti catholique qui s'est montré si ardent pour se débarrasser d'un roi protestant, ne pourra pas causer quelque gêne sous un gouvernement, où il y a une espèce de propagande, en sens inverse du catholicisme.» (*M. Dupin.*)

De tels engagemens pris à la face du monde, ont acquis force de chose jugée :

Comme aussi les motifs exposés à leur appui, ont porté la plus vive lumière.

Il faut en rendre graces, en rendre gloire au gouvernement.

Et plus encore de la déclaration de neutralité de la Belgique : principe, qui selon les paroles d'un ministre, deviendra fécond, et ne tardera pas à s'étendre à de nouvelles contrées.

Aucun peuple n'eut à attendre, à espérer du pouvoir, tant de dignité, de loyauté, de li-béralité.

La chose est claire : si la guerre arrive, ce ne sera pas du fait de l'Europe, et peut-être ce ne serait pas au profit de la France.

Car les chances périlleuses de la guerre semblent ressortir des discours d'un des ministres actuels, et d'un ancien ministre.

Le premier qui dépeint à grands traits, l'affaiblissement numérique et le désordre moral de l'armée, dont l'amélioration en nombre et en discipline depuis la révolution de juillet, n'ont pas dû la rendre *aussi formidable qu'aux jours de sa gloire.*

Le second qui s'étend longuement sur l'affaiblissement graduel du pouvoir, et sur la défiance, l'incertitude, l'anarchie des esprits; qui déclare que la guerre fait courir le risque d'être livré à un parti inquiétant, dont la lutte contre l'Europe entière, au lieu de cette gloire, de cette puissance, qu'en a fait sortir la première révolution, ne montrerait que *désordre et faiblesse.*

D'où l'on voit qu'en évitant toute occasion de guerre, le gouvernement suit aussi la ligne de la sagesse et de la prudence.

De même que pour éviter l'avènement de la guerre, il suffit au gouvernement d'organiser et consolider la société.

« Ce que l'Europe désire aujourd'hui, c'est « qué la France vive sous un gouvernement ré « gulier, et qu'elle ne soit pas jetée hors de ses « institutions et hors de ses frontières.» (*Ancien ministre de l'intérieur.*)

Quant aux orateurs de l'opposition, ils paraissent être imprégnés de la même pensée, et disposés au cas de leur admission au pouvoir, à se conduire dans le même sens.

Tant leurs discours, si riches, si bouillans de verve, au sujet de la Pologne, que nos armées ne peuvent atteindre que par la voie des airs, se montrent pâles et vagues de couleur, à l'égard de la Belgique, qu'un signal inonderait d'un flot de soldats.

Tout annonce, qu'ils ne sont inspirés que par le désir d'attirer de plus en plus à eux, et d'enlever tout-à-fait à leurs rivaux, l'empire de la popularité.

De ce bord aussi, on ne veut pas la guerre; on ne croit pas à la guerre :

Les paroles en font foi.

« Quand les troubles de la Pologne seront apaisés, quand la Belgique sera séparée de vous, je sais qui vous attaquera; maintenant qui peut vous attaquer en Europe? Serait - ce par hasard la Russie? Serait-ce la Prusse, gouvernement sage, qui sait que nous sommes son allié naturel, que de nous dépend sa sûreté et son accroissement? Serait-ce par hasard l'Autriche? Elle n'ignore pas qu'avec 50 mille hommes, vous pourriez lui donner trop d'occupation en Italie. Serait-ce l'Angleterre? Si elle ne s'oppose pas à la nouvelle invasion de Pologne, c'est dans la crainte de donner un mauvais exemple à l'Irlande; et quelques bateaux à vapeur suffiraient pour porter des armes et des troupes en ce pays.» (*M. Mauguin.*)

Or, quand les troubles de la Pologne seront apaisés, sauf que la noble nation ait été exterminée en totalité; encore resterait le souvenir d'une conspiration effrayante ; encore survivrait l'effroi de sa reprise spontanée.

Et les mesures atroces qu'on suppose être dans les desseins de l'empereur de Russie, tout en étouffant la révolution actuelle, ne manqueraient pas d'amener quelque insurrection plus formidable.

En sorte qu'alors même, et plus que jamais, l'orateur s'écrierait à bon droit : Serait-ce par hasard la Russie ?

Or, quand la Belgique sera séparée de nous, sauf qu'un sort subit n'insinue l'océan entre les frontières communes, encore elle nous appartiendra de cœur, autant qu'elle nous appartient déja., comme l'orateur en est certain.

Et les indignes traitemens que les puissances sont censées prêtes à lui infliger, non sans comprimer un instant son essor, l'exciteraient d'autant plus, l'autoriseraient d'autant mieux, à se lever en masse, à se rallier sous l'égide de la France.

En sorte qu'alors même, et plus que jamais, l'orateur serait en droit de s'écrier : Qui peut vous attaquer en Europe ?

Du reste, c'est avec une haute puissance de raison, avec une grande profondeur de vues, qu'il a exposé, comme quoi la Prusse était notre alliée naturelle et dépendait de nous ; comme quoi l'Autriche aurait trop d'occupation en Italie ; comme quoi l'Angleterre tremblerait à l'aspect des bateaux à vapeur, chargés d'armes et de soldats.

Etat de choses, qui n'est susceptible de varier, qu'au moyen de ce que l'Italie viendrait à se prosterner devant l'Autriche, et l'Irlande à fraterniser avec l'Angleterre; de ce que la Prusse prendrait le parti de chercher un réfuge sur la Baltique, de fuir les bords périlleux du Rhin.

Répétons-le : nul n'aspire, nul ne s'attend à la guerre.

Mais c'est comme en résumé, comme en définitive, que des deux bords, on n'en veut pas, on n'y croit pas.

Et des deux bords, sans doute, à son insu, on parle de manière à l'amener, ou on n'agit pas à l'effet de l'éviter.

Laissons les paroles, qui, après tout, volent; et, à un certain point, s'effacent à l'aide des contradictions, s'émoussent à force de répétitions.

Venons aux actes, car ceux-là demeurent; et bien que conçus dans des intentions pacifiques, sont trop souvent sujets à produire l'effet le plus contraire.

La Pologne n'est en cause, qu'au sein des ames ; pour les esprits, toute la question git en Belgique.

« Les intérêts les plus opposés se sont entendus

« et réunis , pour sortir d'une situation intoléra-
« ble , sauf à se battre ensuite pour savoir ce
« qu'on metterait à sa place. » (*M. Dupin.*)

Faudrait-il donc que la malheureuse Belgique,
après avoir donné aux rois absolus, une terrible
leçon, donnât aussi aux peuples opprimés, une leçon encore plus affreuse ?

La première qui disposera peut-être à suivre
des voies moins arbitraires; la seconde qui éloi-
gnerait certainement de la plus légitime résistance.

C'est à la France de prononcer.

C'est à elle de juger, alors qu'un sort presque
miraculeux l'a préservée des périls menaçans ,
si son arrêt doit enlever à la Belgique la faveur
d'une pareille destinée.

Et qu'elle se hâte, car tant d'anxiétés sans cesse
renaissantes ont agité les esprits, ont divisé les opinions ; de sorte à rendre de plus en plus difficile,
une solution franche et durable.

Qu'elle se hâte, afin qu'il reste encore quelque
chance, à l'être qui sera appelé au pouvoir, de
calmer et contenir les partis, de réunir et ré-
former une nation , avec ces fragmens de peu-
plades.

Ici peut-être , le sentiment tend à séduire , à
influencer la raison.

Il n'y a rien à renier.

Certes, la gloire, la liberté, trop souvent vaines

prétentions dont l'idée se laisse leurrer ; plus souvent fausses suggestions que prône l'ambition perfide, n'ont pas cessé d'être appréciées à leur valeur réelle.

Jamais il n'a été compris, comment l'espérance plus ou moins vague de s'approprier l'une ou l'autre, pouvait déterminer à s'élancer vers leur conquête, à travers un fleuve de larmes et de sang.

C'est chose trop sensible, que pour quelques têtes éparses qui vivent de gloire et de liberté, un nombre mille fois plus considérable ne vit que de pain et de travail.

Et qu'à l'encontre de toute justice, ceux-ci sont dévoués à pâtir, à périr, tandis que ceux-là se réservent de recueillir, de jouir.

Toutefois, en faisant abstraction ou distraction du prix qu'il en coûte, et la gloire et la liberté ne manquent pas d'émouvoir l'ame, de commander les hommages envers les héros de l'un ou de l'autre.

Même, plus il est rare de rencontrer parmi eux la pureté de l'honneur et la rigidité du devoir, plus le sentiment s'attache à ceux qui se distinguent sur ces points.

Seul depuis long-temps, seul en ces temps, tel fut le prince Eugène ; modèle inimitable en vertus, qui dut marquer faiblement au milieu du bruyant tourbillon, mais dont l'histoire retracera avec complaisance l'image.

Or ce sont ces touchans souvenirs qui ouvrent à son fils la voie du trône , et en même temps lui promettent de s'y maintenir pour le bien des peuples.

C'est ce motif inapprécié en un siècle trop indigne de sa noble mémoire, qui paraît être du prix le plus éminent.

Entre la puissance morale et la puissance matérielle, la première a plutôt droit à être recherchée , parce que l'homme s'améliore en n'obéissant qu'à son empire.

Comme aussi parce qu'elle n'est point sujette à passer, à se promener de main en main, au caprice des circonstances.

Mais combien d'autres faveurs du ciel, sont répandues sur le duc de Leuchtenberg, l'investissant ce semble de la double mission , de rendre le pouvoir solide, le pays prospère.

Quant au bonheur du pays , ses habitudes sont simples ; ses alliances lui acquièrent l'Europe ; sa naissance l'attache à la France.

Son sceptre faible de nature et fort de neutralité, appellera l'intérêt et non la pitié, inspirera le respect et non la crainte, obtiendra des traités avantageux.

Les embarras sont extrêmes : au fond le peuple est catholique; en tête et dans les villes , le libéralisme gagne , restreignant l'esprit religieux.

Tel est l'effet de tout mouvement, de tout frottement, que les principes se troublent, que les habitudes se relâchent.

On partait pour la croisade ; on oublie le but en chemin; au terme, on vise à des fins contraires.

S'il y a moyen de concilier, de rallier, l'œuvre n'appartient qu'à un prince catholique de famille, et libéral en fait de tolérance.

Quant au maintien du pouvoir, et c'est ici le point délicat, voyez cet Etat, asservi depuis des siècles, insurgé dans une nuit, tourmenté pendant cinq mois.

Il lui faut un roi. La nécessité s'en fait sentir, sans que les conditions soient encore reconnues.

Un prince indigène exciterait l'ambition et l'envie, encourrait les mépris ou les reproches.

On l'aurait fabriqué de sa main ; on entendait le fabriquer à son idée, à son usage.

Et la France est aux portes qu'elle tient entr'ouvertes, qui sont bientôt poussées ou forcées, comme il plaira.

D'autant que du dehors, ni les conseils n'éclairent, ni les forces ne soutiennent ce roi d'espèce à part.

Un prince étranger, ne fait pas un acte, ne dit pas une parole, sans rappeler des souvenirs mal éteints de défiance et d'inquiétude.

Quoi qu'il fasse, il semblera être soufflé par les souverains de sa race, et n'aspirer qu'à suivre leur exemple.

Et la France encore, est prête à donner asile,

à offrir assistance contre la tyrannie censée re-
nouvelée.

Faut-il parler du duc de Nemours ? les choses
se présentent alors sous une double face.

Vis-à-vis l'Europe, il est le lieutenant de son
père ; la Belgique est une dépendance de la
France.

La forme seule diffère ; le temps seul a manqué.
Au premier jour, à l'instant propice, un article
de loi consacrera la réunion.

De plus, il y a cet inconvénient majeur, que
la duplicité est soupçonnée, que la défiance s'insinue dans tous les rapports.

Vis-à-vis la Belgique, comment assimiler ses
lois, ses mœurs à celles de France, en dépit des
répugnances ? et comment, en les respectant,
unir en une famille, des existences incompa-
tibles ?

On prendrait le premier parti, tant la prétendue France, avec sa prétendue liberté, est dog-
matique, est despotique.

On rejetterait la Belgique aux pieds du prince
d'Orange, qu'elle aimait, qu'elle appelait naguè-
res, et que le temps aurait lavé de ces insignes
calomnies, d'avoir laissé attaquer Bruxelles, dont
la bourgeoisie effrayée réclamait du secours ; d'a-
voir laissé se défendre la citadelle d'Anvers, après
que les insurgés eurent enlevé la ville et rompu
l'armistice.

Au dehors comme au dedans, le travers est le même.

On ne sait point en finir.

Ce n'est pas que de toute part, qu'à tout instant, les craintes n'assaillissent : c'est plutôt qu'on tente de s'étourdir, en accueillant les plus vaines espérances.

Peut-être aussi le ténébreux avenir semble tellement chargé de périls, qu'on n'ose faire un pas, de peur qu'il ne soit fatal.

Eh oui ! il y avait à attendre, à ajourner, lors de la lutte avec un pouvoir, que le temps minait peu à peu, qui se trouvait en état de déclinaison.

Au contraire, il y a à se hâter, à se presser, dans le combat contre une puissance que le temps fait grandir, qui se montre en état d'ascension.

De jour en jour, la balance se dérange sous un rapport doublement fâcheux, car le montant de la force sociale restant le même, ce qui est gagné d'un bord, est en outre perdu de l'autre.

Il s'agit de juger sainement le point où il est nécessaire de se rendre, le point où il est possible de se tenir.

Les ministres de Louis Philippe ont à comprendre, la leçon qui fut mal entendue par ceux de Charles X ; leçon banale et commune à tous les temps.

« La vie privée n'est-elle pas soumise au coup
« des vicissitudes les plus imprévues, qu'adoucit
« la résignation, que la résistance rend plus
« amères ?

« La vie sociale est atteinte de la même fata-
« lité ; non sans cette différence qu'étant douée
« d'une plus forte vitalité, qu'ayant à s'exercer
« dans une étendue indéfinie de durée, ses crises
« se prêtent parfois, quand elles sont bien trai-
« tées, à son rajeunissement, à son perfection-
« nement.

« Selon la loi d'en haut, il est un ordre de
« destinées, un cours de phases politiques, un
« cercle de révolution ou de rénovation.

« L'histoire nous le dit ; notre histoire le dira.

« Les présages de l'avenir, les conseils du pré-
« sent sortent tout palpitans, des leçons du passé.

« Qu'on réfute la vérité, qu'on rebute la né-
« cessité ; c'est seulement hâter la ruine, aggra-
« ver les désastres.....

« Ici, ce n'est pas comme dans les thèses de
« l'école ; les termes de la question sont imposés
« par l'irrésistible sort : il faut les accepter, il
« faudrait les apprécier.

« En point de fait, étant connues les valeurs
« de la puissance agressive et innovatrice d'une
« part, et de la résistance active ou passive d'autre
« part ; le calcul apprendra si on doit céder, ce
« qu'on doit céder, et quand, comment on doit
« céder.

« Même, il se peut par suite du mauvais mé-
« nagement des affaires publiques, qu'on n'ait
« plus qu'à céder, à céder tout et aussitôt ; car il
« vaut mieux ne pas combattre que se faire battre.

« En point de droit, le travail consiste dans le
« triage de ce qu'il y a de bien, parmi ce qu'il y
« a de mal ; dans la recherche du mode approprié
« à tirer le bien du mal.

« Deux sortes de devoirs, dont l'un manque
« trop souvent à être écouté par l'indolence, à
« être entendu par la vanité ; dont l'autre avorte
« presque toujours à défaut de l'attention, de la
« sagacité requises ! » (*Extrait d'une note remise
en décembre 1829.)

Telle était, telle est, telle sera la loi du pouvoir.

Cela fait, on s'arrête , on résiste , on périt s'il le
faut.

Les gens de ce caractère n'échouent jamais à
sauver les empires ; comme les autres parviennent
toujours à les perdre.

Notez seulement que c'est d'un seul pas, d'un
pas libre en apparence, qu'il faut atteindre au but
préfixe.

En chicanant, en lésinant sur tel et tel point en
deçà du terme, comme on est amené à plier ensuite, le secret de la faiblesse se voit dévoilé.

Et les ennemis s'acharnent ; les amis battent en
retraite.

Au lieu qu'il y a montre de force, à se décider de soi-même, à dire d'abord : nous allons jusque là ; nous n'irons pas au-delà.

En ce siècle tel qu'il est, ce ne sont point les braves qui triomphent ; ce sont les lâches qui succombent.

Pour réaliser le vieil adage : face d'homme porte vertu : il ne manque qu'un homme.

Ainsi dans la politique intérieure, le 7 août, indispensable alors qu'il eut lieu, devait être parachevé.

Un mois suffisait à tout faire.

Il y a plus ; en un mois, sous le coup de fouet de l'urgence, tout était mieux fait, parce que les esprits flasques ne se sentaient pas à la hauteur, et que les têtes creuses n'avaient pas à ruminer à loisir.

Toutes ces lois maintenant de si dure digestion passaient alors d'emblée.

Encore, il y a peut-être moyen de réussir : plus que jamais, il y a devoir de tenter.

De même, dans la politique extérieure, qu'on voie ce qui est et qu'on fasse ce qu'il faut.

« Notre devoir est de vous déclarer que nous n'aurons la guerre que parce que nous l'aurons voulue. » (*Ministre des affaires étrangères*, 28 janvier.)

Tout gît en ce seul mot.

Le principe est admis ; puissent les conséquences s'ensuivre !

On a plutôt à revenir sur ses pas qu'à marcher en avant.

Le même sentiment, la peur pressait au-dehors, retenait au dedans : trompant ainsi en double façon.

Car ici, les risques menacent spontanément, progressivement ; et là, les risques attendent d'être provoqués.

Quant à la Pologne, c'est un point de diplomatie.

Dans l'état de la France, rien de pis que les démonstrations militaires, rien de mieux que les négociations politiques, pour peu que la loyauté y préside.

Ainsi on se met, on se mêle parmi les puissances : ainsi on entre en connaissance, et peu à peu en confiance mutuelle.

Quant à la Belgique, c'est un point de morale.

On est fort vis-à-vis d'elle : qu'on soit juste aussi.

On serait faible contre tous : qu'on soit donc sage.

Et qu'on marche en droite ligne, à ciel ouvert.

Point d'arrières pensées, point d'idées en l'air !

Ainsi arrive la foi : ainsi dure la paix.

Le signe en apparaîtra, alors que le duc de Leuchtenberg sera agréé, accueilli.

En ce moment surtout, et certes depuis long-temps, un autre talent, un autre génie seraient requis.

Tel est l'état accéléré et précipité des choses, que la justesse des vues, la hardiesse des vues, ne sont qu'un.

Quand un mouvement instinctif, irréfléchi, enlève la société vers des destinées encore inouies ; le grand art consiste à discerner à quel terme, il y a moyen d'apposer un point d'arrêt, d'obtenir au moins quelque pause.

Par malheur, tel est en sens contraire, l'état d'obstination, de stagnation des esprits, que la hardiesse des vues tantôt inspire la défiance, tantôt appelle l'ironie.

Il est réservé à la faiblesse de caractère, de s'effaroucher, et à la faiblesse d'esprit de se moquer des vérités, qui se tiennent trop au-dessus de leur portée.

Quel talent, quel génie ne faudrait-il pas pour vaincre l'alliance trop commune des répugnances caduques et des puériles appréhensions ?

Tout de même, les chefs des anciens et des nouveaux gouvernemens, épouvantés et presque désespérés, ne savent que se traîner au jour le jour, que se sauver d'aujourd'hui, que s'étourdir sur demain : contens et plus que contens, tant que dure le quart d'heure de grace.

Osons parler toutefois. La vérité tarderait trop à venir, en attendant qu'on lui prête l'oreille ; la conscience demande ailleurs qu'à l'espérance, quels sont ses devoirs.

Eh bien ! tous ces chefs, les uns comme les autres, n'osent affronter une ombre, et fuient, la tête tournée, et culbutent dans l'abîme.

Qu'on leur jette le mot de république : c'est assez pour les faire tomber en syncope ou entrer en furie.

Rien ne leur rappelle que Venise et Gênes étaient républiques ; que la Hollande fut long-temps et que la Suisse est encore république.

Que jusqu'au moyen âge, l'Europe n'était composée que de républiques, dans le genre féodal. Qu'à présent, l'Angleterre et la France sont constituées en républiques sous le type royal.

Rien ne leur apprend que d'autres modes de république sont susceptibles d'existence.

Sans doute, il est des conditions obligatoires : et même il n'y a que des cas exceptionnels.

D'abord, la forme doit être fédérative, comme en Hollande jadis, comme en Suisse, en Amérique, qui à ce seul titre, ont pu prolonger leur durée.

Puis, ainsi que la Suisse et l'Amérique, la situation géographique, ou les conventions diplomatiques doivent investir du caractère de la neutralité.

Surtout, il faut que l'Etat ne soit pas trop étendu, que ses contrées ne soient pas trop opposées,

que les mœurs soient simples et pures, que les intérêts soient agricoles plus qu'industriels.

Or tout cela se rencontre justement en ce lieu,
où nulle chose ne peut s'établir, alors que le duc
de Leuchtenberg serait mis hors de ligne.

Tout cela se rencontre, à l'instant précis, où
autre chose ne peut préserver la Belgique d'être
mise à feu et à sang ; et la France, l'Europe, de
se dévaster, de se détruire l'une ou l'autre, l'une
et l'autre plutôt.

D'une part, il y a péril flagrant, imminent ; de
l'autre, il n'est que risques équivoques, éventuels.

Et le péril est impossible à surmonter ; les risques sont faciles à prévenir, ou à détourner.

Même les risques fâcheux se balancent avec
des chances prospères ; les craintes se marient à
des espérances.

Quant à l'extérieur, la république belge est phy-
siquement et politiquement neutre, est tout-à-fait
inoffensive.

Posée dans un coin du monde, couverte par des
fleuves, ménagée par la France, défendue par
tous contre chacun : voilà pour le matériel.

Agricole aux trois quarts, catholique aux neuf
dixièmes, et dans le même rapport, simple de
mœurs, calme de caractère, constante d'habitudes :
voilà pour le moral.

C'est la Suisse, plus riche, plus forte.

Quant à l'intérieur, les provinces se sont re-
jointes ou n'ont pas été découpées en départe-

ment ; conservant depuis des siècles une administration propre.

Comme aussi le système municipal du vieux temps, égide de la liberté civile, palladium contre l'arbitraire administratif, a survécu ou est ressuscité.

Tout est là.

Car autrement, en dépit des constitutions savantes, la nation, si vaine qu'elle puisse être, ne rend jamais que l'image d'un troupeau de moutons, dont les bergers écartent les loups sans doute, et de plus se battent entre eux pour la question de savoir à qui appartiendra la tonte.

Ne disons pas que la république peut tourner à mal : en admettant cette supposition, on s'y prêterait de grand cœur, dans l'espoir qu'une telle leçon retiendrait les peuples sous le joug de l'ordre légal.

Mais faut-il tant craindre qu'elle tourne à bien?

D'abord, c'est un peuple heureux de plus; c'est au moins , un peuple heureux.

Passons là-dessus : cela ne mord pas à l'ame.

Toutefois le bonheur éclaire aussi bien que le malheur.

Celui-ci doit éloigner les peuples des révolutions, celui-là peut amener les chefs à des améliorations.

Point de crises et des progrès! qu'y a-t-il de mieux?

Au moins l'idée percera enfin de laisser se

créer les communes, d'aider à se former les provinces.

Si le bien s'accélère, si le bien persévère, alors
survient le risque que les peuples ne soient tentés
par l'exemple, ne soient alléchés par l'espoir.

Ne dissimulons pas : un tel risque menace fort ;
c'est cela même qui sauve.

Les chefs se trompaient, étaient trompés : il
semble que la fatalité les a marqués à cette fin.

Et le sommeil les prenait, ou l'ivresse les trou-
blait, de même les condamnant à n'y voir goutte.

Et sur les entrefaites, les plaintes se chan-
geaient en reproches, les actes succédaient aux
paroles.

Sous peu de temps, le feu était mis aux poudres :
en un clin d'œil, l'édifice sautait, éclatait en débris.

Or l'exemple du bien gagnera les chefs, avant
que l'exemple du mal n'atteigne les peuples.

Encore, il n'est pas permis de désespérer, de
ceux-ci ; sauf pourtant qu'il n'y ait plus rien à espérer de ceux-là.

Car à peine, quelque essai a été tenté.

Au reste, la royauté règne tout au plus ; l'oligarchie gouverne maintenant.

Ni l'histoire, ni l'expérience, ne renient les
vices inhérens à l'oligarchie ; qui, en sa conscience, ne sent que ses besoins, et de sa puissance,
ne sert que ses intérêts.

Son tour viendra aussi, à plus juste titre, d'une
plus terrible façon.

Même, comme elle fait corps, il y a moins de chance, qu'elle entende, qu'elle se rende.

Les paroles glissent et tombent : les faits frapperont enfin.

Après tout, qui de nous sait rien ?

Qui de nous, dira où va le mouvement de rénovation, où la société doit prendre plante, prendre repos.

L'accès mène à une crise en bien ou en mal, mène à la vie ou à la mort ; et en cas de vie, sous un autre mode, mais sous quel mode ?

La république peut-être ! autant qu'un mot usé de sens, peut rendre un fait neuf de nature.

Eh bien ! la France imiterait la Belgique ; alors experte à ses risques et dépens.

Allez donc ; si la peur lui retire son roi, que l'espoir la tolère en république.

Mais, dit-on, la peur n'est pas de France.

POST SCRIPTUM.

Fasse le ciel que dans les replis redoublés dont elle s'enveloppe, la diplomatie ne recèle pas la guerre, et la subversion de l'Europe, et la dissolution de la société.

A Londres, elle règle les destinées, oubliant que l'homme se refuse aux faveurs qui lui sont imposées (1).

Elle prescrit sur le papier, oubliant que la résistance à ses lois, tentera d'autant plus, qu'il lui est difficile d'employer la force.

A Paris, elle est effarouchée par un danger de sorte équivoque et du moins lointaine.

Elle défie les chances d'une collision formidable, et repousse la reconnaissance certaine, détruit la confiance existante, perd l'alliance la plus désirable.

D'un bord comme de l'autre, tant de motifs d'irritation sont lancés au milieu des doutes de la méditation.

Maintenant que les votes tombent au fond de l'urne : la volonté ne les accompagne pas. Ce n'est guère la peine de les dénombrer ; le chiffre serait dénué de sens.

Le trouble dans les esprits, la douleur dans les ames,

---

(1) Les cinq puissances devaient une manifestation solennelle, une preuve éclatante de la ferme détermination, où elles sont, de ne rechercher dans les arrangemens relatifs à la Belgique, aucune augmentation de territoire, aucune influence *exclusive*, aucun avantage *isolé*, etc. (*Protocole du* 20 *janvier.*)

3

un certain mélange de rage et de terreur, ne laissent ni pensée, ni sentiment libres.

Il n'importe que le scrutin affiche, ou le duc de Ne-mours, ou le duc de Leuchtenberg : le choix n'est plus vrai.

Non-seulement la majorité ne marquera que d'une faible fraction, mais encore elle variera avant demain, comme elle a varié depuis hier.

Ni l'un ni l'autre de ces princes ne peut accepter et sur-tout ne peut tenir.

N'inculpons pas. Il est des temps où les plus justes in-tentions, les plus sages conceptions, sont exposées, sont dévouées à errer.

Écartons les causes, ne nous attachons qu'aux effets. Le mal fait est à subir ; le mal à faire est à prévenir.

Jamais un prince indigène n'a été sortable : désormais, nul prince étranger n'est possible.

Le fils du noble Eugène, sans doute digne de lui, ne recueillera point les fruits de la gloire la plus pure.

Quant à son rival, la loyauté, la dignité, la sécurité, en éloignent jusqu'à l'idée même.

Dans l'avènement du duc de Nemours, le premier coup d'œil dénonce aux sens épouvantés, on ne sait com-bien de principes de guerre :

Guerre avec l'Europe y compris l'Angleterre, pour un acte qui semblerait à la fois injurieux et frauduleux.

Et en dehors de ce conflit fatal, guerre avec l'Allemagne, pour la possession de Maestricht, de Luxembourg.

Et à part des luttes étrangères, guerre civile, entre le roi et le pays, ou entre les provinces du pays.

L'élu de la crainte, de la contrainte, devrait beaucoup expier, ne saurait expier assez.

Deux chances seules restent.

Non pas l'union avec la France : Dieu garde d'y songer !

La France ne veut pas, de qui ne veut pas d'elle.

La France ne veut pas, que son renom entaché de duplicité, transmette aux rois ennemis, de justes droits à la haine, à la crainte.

Elle ne veut pas que ses erremens, accusés de violence, excitent chez les peuples amis, l'esprit de colère et de vengeance.

La laissant seule à se défendre, contre les rois charmés, contre les peuples courroucés.

Deux chances seules : la république ou le prince d'Orange.

Une parole non suspecte, vient d'entretenir de la république, sans se douter que la tentative la plus vague dût bientôt présenter une dernière ressource.

La pensée s'aventurait dans cette région nouvelle, et tâtait le terrain à chaque pas, et peu à peu a pénétré plus avant, et a fini par y prendre repos.

Trop souvent, le nom, le mot depuis long-temps mal vu, fait l'office d'épouvantail ; empêchant ainsi de sonder, d'apprécier la chose en sa réalité.

Quant au prince d'Orange, la vérité est ceci.

Quelle que fût l'intention, les actes provenant des cabinets, les faits résultant de ces actes, ont travaillé pour son compte.

D'abord, les déceptions propagées se sont évanouies, et les affections anciennes se sont ranimées.

Puis, les opinions libérales, inquiétées par l'ascendant catholique ; les intérêts commerciaux, effrayés à l'aspect des présages, ont été ramenés.

Surtout, les ennuis, les embarras, les anxiétés ont dérouté l'idée ambitieuse outre mesure, l'ont rejetée de ses espérances, à ses souvenirs.

Enfin Maestricht, Luxembourg, rentreraient en Belgique, et le commerce des colonies reviendrait à la Belgique.

En ce moment même, si le for intérieur était mis à nu, si les consciences venaient à se parler, c'est dans la proportion des trois quarts et plus, que les vœux seraient pour lui.

Dans l'avenir, lui seul promet de s'asseoir, de s'affermir sur le trône.

Mais qui donc ne se réjouirait d'un tel arrangement, si par suite et en conséquence, les cabinets de Paris et de Londres, devaient obtenir de l'empereur de Russie des modifications, des améliorations, en faveur de la valeureuse, de la malheureuse Pologne.

Et cela se peut. Il n'est homme, il n'est prince, auquel la générosité, la magnanimité manquent de se faire entendre, manquent de se faire obéir en retour.

Alors, la France se verrait saluée du titre de grande nation; alors la confiance lui serait acquise, l'influence lui serait dévolue.

(Versailles , 1er février 1831.)

A. PIHAN DELAFOREST, IMPRIMEUR DE LA COUR DE CASSATION,
Rue des Noyers, n° 37.